開運
吉祥物一本通

Chinese Mascot

開運旺財，就看這本書！

吉祥物

命理名師
姜威國

序

　　風水學的範圍實在很廣，有「理論派」、「形象派」、「天星派」等。但他們主要的目的，都在保障與增進人類的福祉。

　　本書的內容屬於前述三大流派的綜合產物，不管哪一派別，對開運、旺財、趨吉避凶等立論法則與理念，不會相差太多，若真要點出差別，大概僅在於做法與型態上的不同，畢竟因人、地、事、時、物等因素，呈現出相關方面的小差異，這是很好理解的狀況。

　　憑心而論，各大派門中的相關秘法，實在也是取得不易，是故，在此要對好幾

位道門中之好友，不吝於惠賜我一些不傳之祕，表達感謝！另外，對於為我收集整理資料的門人，以及提供相關物品照片的「晶旭藝品公司」陳武宏先生等，也一併致上我最誠摯的謝意，感謝你們！

　　風水學的領域實在是既博大又精深，範圍也是廣泛到令人無法探究其深淺。筆者不才，所收集的不過是如滄海中之一粟，但只求有助於大家，這樣就很滿足、很欣慰了；當然，若能因此而造就拋磚引玉之迴響，那更是求之不得之欣喜，感恩！最後要謹祝各位大德

　　身康體健

　　開運財旺旺

　　闔家平安

　　　　　　　　　　　姜威國

目錄

第一章　十二生肖的風水靈動

導論

　　本書中所介紹的風水學理論與觀點，不會有如三元派、三合派、天星派或其他學派等繁雜的理論與內容，當然其中或許會有牽扯摻到一些，但筆者大都以「化繁為簡」或以「四兩撥千金」的手法予以簡述說明，以期大家都能看得懂，且能輕鬆地付諸實務的應用。

　　為了完成以上的希望與目的，以及能讓各位在最快也最明確的方式下，順利達到所預期的結果與目標。首先，在此將本書所使用或涉及到的一些理論法則或是術語，先行提出介紹與說明，以期各位在日

後的研習上方便使用，當然更期盼大家務
必要用一些心思、時間去熟悉記憶。

一、天干

甲、乙、丙、丁、戊、己、庚、辛、壬、
癸。

二、地支

子、丑、寅、卯、辰、巳、午、未、申、
酉、戌、亥。

三、五行

木、火、土、金、水。

延伸理論

1.五行相生

木生火、火生土、土生金、金生水、

水生木。

2.五行相剋

木剋土、土剋水、水剋火、火剋金、
金剋木。

四、方位與五行

甲、乙，寅、卯，東方木。

丙、丁，巳、午，南方火。

庚、辛，申、酉，西方金。

壬、癸，亥、子，北方水。

戊、己，辰、戌，丑、未，中央四季土。

五、八卦方位與五行

震卦：東方、木。

巽卦：東南方、木。

離卦：南方、火。

兌卦：西方、金。

坎卦：北方、水。

坤卦：西南方、土。

乾卦：西北方、金。

艮卦：東北方、土。

六、顏色

東方：屬木、碧綠色、青色。

西方：屬金、白色、灰色。

中央：屬土、黃色、褐色。

南方：屬火、紅色、紫色。

北方：屬水、黑色、咖啡色。

七、十二生肖

子：鼠

丑：牛

寅：虎

卯：兔

辰：龍

巳：蛇

午：馬

未：羊

申：猴

酉：雞

戌：狗

亥：豬

八、數字

東方木：3、8

南方火：2、7

西方金：4、9

北方水：1、6

中央土：5、10

另外，還有依照後天八卦所設定的數字，如下：

震卦：東方、數字為 3。

巽卦：東南方、數字為 4。

離卦：南方、數字為 9。

坤卦：西南方、數字為 2。

兌卦：西方、數字為 7。

乾卦：西北方、數字為 6。

坎卦：北方、數字為 1。

艮卦：東北方、數字為 8。

玄空：中央、數字為 5。

九、十二地支（生肖）相關理論

1.六沖

子（鼠）午（馬）沖

丑（牛）未（羊）沖

寅（虎）申（猴）沖

卯（兔）酉（雞）沖

辰（龍）戌（狗）沖

巳（蛇）亥（豬）沖

2. 六合

子（鼠）丑（牛）合

寅（虎）亥（豬）合

卯（兔）戌（狗）合

辰（龍）酉（雞）合

巳（蛇）申（猴）合

午（馬）未（羊）合

3. 三合

申（猴）子（鼠）辰（龍）三合

寅（虎）午（馬）戌（狗）三合

巳（蛇）酉（雞）丑（牛）三合

亥（豬）卯（兔）未（羊）三合

十、時間理論

子時： 23:00 ～ 1:00

丑時： 1:00 ～ 3:00

寅時： 3:00 ～ 5:00

卯時： 5:00 ～ 7:00

辰時： 7:00 ～ 9:00

巳時： 9:00 ～ 11:00

午時： 11:00 ～ 13:00

未時： 13:00 ～ 15:00

申時： 15:00 ～ 17:00

酉時：17:00 ~ 19:00

戌時：19:00 ~ 21:00

亥時：21:00 ~ 23:00

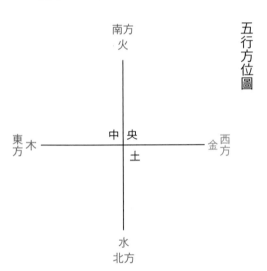

五行方位圖

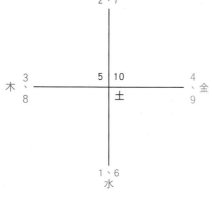

火
2、7

木
3、
8

5 | 10
土

4
、金
9

1、6
水

17

南方
9

東南方
4

西南方
2

東
方 3

西
方 7

5中央

8
東北方

6
西北方

北方

第一章
十二生肖的風水靈動

　　「十二生肖」包括了有：鼠、牛、虎、兔、龍、蛇、馬、羊、猴、雞、狗、豬等十二種動物。「十二生肖」源自「十二地支」的理論。天干代表著「天」、為陽；地支代表著「地」、為陰。自古婚嫁、喪葬、入宅、遷徙等，都得將十二生肖列入考慮的重點因素。此外十二生肖所產生的風水靈動效應還會改善人生運途際遇。

鼠

一無是處——風水鼠

在風水學上，老鼠是被列為風水凶獸的一種。在風水學中有一種整人害人的邪法——俗諺所謂的「報個老鼠仔冤」（台語發音），就是利用老鼠進行的。此法是將兩隻老鼠的模型放於別人大門前的地上，使鼠頭部向著大門，可令對方產生一些不利的運程。

所謂的「有法有破」，被施了此法，只需在大門前貼上門神或土地公的肖像，或者在大門上安置一個八卦鏡、山海陣等化煞的工具，注意需擇取吉日良辰掛上，

所以務必要請老師為之。

　　這種鼠術的煞氣並不強，依照老鼠的天性，一旦遭到阻礙，一定會逃回施法的「主人」這邊來，到時可「害人不成反害己」。

牛

刻苦勤奮——風水牛

牛是一種吉祥風水靈獸，應用在風水效應上，能幫人助長事業與旺財。

一、風水牛的選擇

1.材質

黃金材質為最佳，對事業與財運有助益及靈動力。銅質或是瓷質製造的風水牛亦可，最忌諱的是木質製的，五行木剋土，土即為財之象徵，木質製造的風水牛完全失去了吉祥的風水效應。

2. 神韻

風水上用牛做為開運法器，主要取其憨厚、穩重、任勞任怨，以及祥和與誠懇的習性。風水牛的外型不用很講究；但神韻與氣勢上要多加斟酌。

3. 顏色

最佳為金黃色，其次是黃色，不要用灰色水牛的顏色，灰色五行屬水，根據金生水的理論，反有散財、破財效應。

二、風水牛的擺放

牛在地支是為丑，丑於後天方位上是東北偏北之位置，是最適合的擺放方位。另外，根據地支巳酉丑三合局的理論，巳方、酉方，也是擺置風水牛的理想位置。

由於丑與未對沖，未方是西南偏南之方位，因此這個方位不可擺放。

放置風水牛的數量宜精不宜多，甚至只需要一隻黃金所打造的小金牛，就會發揮顯現其吉祥的靈動效應。

三、忌諱

因牛與羊處於相沖、相對的地位，凡生肖屬羊者，不要使用風水牛。

虎

威武兇猛——風水虎

老虎先天具有剛猛的爆發力與強勁的暴戾氣勢,在風水學上,屬於凶獸之類屬。

一、不宜擺放的地點

1. 家庭

一般的家庭中,千萬不要擺設此獸(模型或是圖騰)做為裝飾物或是風水器物,否則,不但無法帶給家庭平安與和樂,甚至還會造成家中成員的紛爭與傷害之負面效應。

2.生意場所

如果經營開門生意，千萬不要擺掛老虎的圖像或是模型物，老虎發揮的「虎視眈眈」氣勢，會讓顧客望而卻步，生意就會一落千丈。

3.辦公室

在辦公室裡，由於老虎天性充滿了侵略的野心，以及強烈的威脅力，會使擺放者成為大家不願接近的人，上司會有養虎為患之顧慮，同事更因為擺放者霸氣過重而保持距離。

二、可以擺放的地點

雖然老虎有著不祥的風水靈動力，但卻可做為靠山或是鎮煞最有力的護衛武器，這要看使用者適宜與否。一些財大勢

大，或是具有霸氣與競爭力，或是侵略性
很強的人物，喜歡應用老虎圖像或是模型
置於其辦公處所中，或是置於向著大門的
辦公桌上，其道理就是在此。

三、忌諱

　　家中若要擺放老虎，請注意，臥房，
尤其是夫妻房、小孩房，以及向著大門的

廳堂是最為忌諱之處所。

　　在夫妻房擺放老虎，夫妻一定會經常
爭吵、打架，感情愈來愈疏遠冷淡；若在
小孩房掛老虎的圖像，由於孩子的氣還屬
於弱勢，最後不是導致身體愈來愈衰弱，
就是染上了一身的霸氣而無法管教；若是
將老虎的圖像掛於廳堂向著大門外，則必
定會傷及左鄰右舍的和諧氣氛，但若是不
向著大門外，則無妨。

兔

溫馴慧黠——風水兔

自古以來，於風水學中都將兔視為一種祥和的靈獸。

一、風水兔的效用

1.化解暴戾

兔子溫馴祥和的靈動力，可以化解一些暴戾不好的氣場風水，但像一些很強勁且猛烈的煞氣，如路沖、天斬煞、穿心煞等，受先天能量之所局限，能發揮展現出來的力量不大，風水兔就沒那份能耐去化解了。

2. 增強桃花的運勢

兔屬卯，卯為地支的四正位所在（子、午、卯、酉謂之「四正位」），四正位又稱咸池位、四敗位、桃花位等，卯為桃花位，用風水兔增強桃花運勢再恰當不過。在睡房卯位上，亦即東方或東南方擺上兩隻風水兔（一隻不行，超過兩隻以上也不行），在三個月以內，一定會有心想事成的愛情出現。

由於地支卯酉是對沖方位，千萬不要將風水兔放置於西方，否則沒有桃花催動效應，反而會因桃花事件惹一身糾紛與麻煩（即桃花煞）。

再提醒一點，生肖屬雞者，千萬不要使用此法哦！

二、風水兔的選擇

1. 材質

兔屬卯，五行屬木，所以選用木質製的兔子最好，陶瓷製品亦可；若是金兔或玉兔，原則上與兔子「化戾氣為祥和」的靈動不同，並沒有什麼太大的好處。

2. 顏色

風水兔的用色以柔色為最好。兔子本身的氣數屬於溫柔且祥和安寧的形態，最好以其本色——白色為主即可。當然，若是摻雜了一些粉紅，或是乳白之類的色彩，也不會有太大的不良影響，尤其是粉紅兔，它還可以幫你催動桃花！

三、風水兔的擺放

兔屬卯，五行屬木，方位屬東方，最佳的擺設方位就是東方（東南方也可），最忌諱的位置是在西方，因為西方五行屬金，有著金剋木的不良效應。

此外，可以放於面向大門左手邊的桌子上（即青龍方），這對於改善人際關係、招財、開運等，都有實質上的風水助力；切忌放置於右手邊的桌上，因為右手邊為白虎，屬金，會斲傷風水兔的氣數。

龍

尊貴不凡——風水龍

在風水學中應用龍來開運、制煞,或是改變事業運、財運,甚至是桃花運。不論是將「風水龍」用做哪種用途,最重要的是:方法要用對。

一、風水龍的效用

1.改善人際關係、事業運與財運

龍氣旺的地方,一定是人口稠密聚集之處。如果自認為人際關係不理想的話,可在家中大廳左邊的牆壁上或是置物桌上,面向大門放置一對風水龍。開門做生意者,想要門庭若市亦可仿為之。

基於龍水不離的理念（水即是財），最好置放在有水的金魚缸上。如果居家或營業處所附近有大的水域（臭水溝除外），可朝往大水域的方向，以龍口吸納大水。如果沒有這些有利的環境來應用，可將風水龍置放在北方，因北方為坎卦，屬水。

大的水域，可用體積大的風水龍，且一隻、兩隻均無妨；小水域如魚缸，千萬不要用體積大的龍，否則，不但無法旺財催財，可能還會破財生災。

2. 化煞

龍對於陰邪、污穢之氣，有著實質上的震懾作用。如墓場、屠宰場、垃圾場、臭水溝、殯儀館等，均可發揮很大的化解

力量。

其次，龍本身即具有極高的權威象徵，所以對於一些殺氣較重的處所，它亦能發揮化解的靈動，而達到趨吉避凶的目的。如果居家或營業處所附近有警察局、監獄、軍營或武打場等，均可在面向這些場所的方位上，放置風水龍以化解其肅殺的氣數。

另外，龍氣旺的地方，一定也是人口聚集之處。因此，龍對於一些棄絕六親、遠離紅塵、潛心修行的修道者聚集場所——如寺廟、修道院、精舍等，所發出的孤剋氣，有著很強的化解作用。

十二生肖的風水靈動

二、風水龍的選擇

1. 材質、大小

質料最好是以金質、玉質或是陶瓷製的為宜。至於風水龍的大小，一般都不太講究，只需視場所而定即可。

2. 形狀、色澤

形態刻劃上，「飛龍在天、氣象萬千」的氣勢一定要展現出來，否則僅能視為一隻「死」龍而已。另外，龍形完成後的開光點眼，務必請有道行、品行好的高僧或大師行之。

三、風水龍的擺放

龍屬辰，方位是在東南偏東的方向；另外，若是一般四個方向而言：即青龍（左方）、白虎（右方）、朱雀（前方）、玄武（後方），就必須將風水龍擺置於左手邊的方位了。

蛇

畏懼可怖——風水蛇

　　蛇性冷血、至淫且帶有毒性，因此，風水學中將其列為凶獸的一種。既然是凶獸，那它所發出的靈動力必然是不吉祥的氣，所以筆者特將一些防範之法，大略地概述一下。

一、風水蛇的效用

　　蛇有一個特性——至淫，是一些「寡人有疾」者，或是「無能」、「無後」者所膜拜的對象，若是在此方面有欠缺者，不妨將蛇的圖像向著床尾擺置（要使用的

蛇圖像或是模型,最好是已經經過淨化程序),這其中又以眼鏡蛇為最佳,請自行斟酌之。

二、風水蛇的擺放

巳為東南方,若要擺置蛇的圖像或是模型,即可將其置放於此位置上,當然,屬亥的西北方則不宜擺置之。

三、忌諱

1.不要戴在身上做為裝飾品

一般人對蛇都有恐懼感,若是隨身攜帶,會令人際關係愈來愈差;蛇毒辣與冷血的個性,亦會使人感染到牠的那份氣息。另外,蛇屬於至淫的動物,隨身攜帶可能性情也會隨之而變,女性朋友更是忌諱。

2. 家中勿擺置或懸掛

家中如果擺有（或是懸掛）蛇的圖像或是模型，會使家中成員的感情愈來愈疏遠，甚至猜忌懷疑而造成不幸事件；如果家中有小朋友，會造成孩子的恐懼不安與吵鬧，更深遠的是會影響孩子成長過程的心理狀態。

3. 由於蛇為地支的巳，而巳亥又為相沖關係，凡是生肖屬豬者，最好不要妄自使用。

馬

追風逐電——風水馬

　　風水學上，一般不將馬列為吉祥獸，也不將其視為凶獸。但由於牠天生所具有的剛健與自強不息之氣數，在應用上，擷取牠這份剛健以及生生不息的靈動力。

一、風水馬的效用

　　1. 馬不能化煞，但可以振奮人的精神

　　馬有豪放不羈、不易駕馭的特性，但碰上獅、虎等猛獸，則必然驚嚇到四處逃竄。因此，風水馬不能制煞或是化煞。

　　於八卦的意象中，馬屬於乾卦，五行

屬金,先天有「天行健,君子以自強不息」的氣勢。在廳堂中或是辦公室擺置上一幅或是一尊風水馬的圖像、模型,會有一股振奮人心、提振士氣的靈動效應。

2. 馬能旺財,幫助事業通暢順利

命學中有「祿馬交馳」的財勢格局,馬確實能展現財運亨通與事業順遂之風水效應。

3. 利於升官

「風水馬」對於升官,原不具催動輔助的靈動力,可是如果正好處於升遷與不升遷之際,那「風水馬」對這種「臨門一腳」的催動可就有特殊的風水靈動力了。如果內心中已經設定好了目標,你可將馬頭朝向該方向即可,如總經理坐在北方位

置，那馬頭就朝著北方就對了。

4. 利於桃花、婚姻感情

「風水馬」對於感情婚姻的助益須與桃花方位搭配使用之，如在紫微斗數命學中的紅鸞星與天喜星，或是其他一些具有實質桃花意象的星曜等等，都可以跟「風水馬」相互做為輔助來催動風水靈動效應。

二、風水馬的選擇

　　「風水馬」的材質，最好是以金質、玉質，或者是鍍金的為最佳考慮；至於以塑膠材質製作的為最忌諱。

三、風水馬的擺放

　　馬於地支為午，午在方位上屬南方，南方就是最佳的擺設位置。

　　除了這個方法外，若學過正統的風水學理論，那就將「風水馬」放置在「正神位」上，如此即可讓其剛健的氣勢發揮無遺。（註：「正神位」圖表可參〈金魚〉章節。）

　　另外，馬本身氣數就屬於活躍與不定的，俗謂的「驛馬星動」則是指有外出遠行徵兆，如果有所變動或是遷徙時，「驛

馬位」就是「風水馬」最佳選擇的擺放方
位。

　　「驛馬位」列示如下：

　　寅、午、戌之年月──驛馬位在申。

　　申、子、辰之年月──驛馬位在寅。

　　亥、卯、未之年月──驛馬位在巳。

　　巳、酉、丑之年月──驛馬位在亥。

十二生肖的風水靈動

羊

柔順溫祥——風水羊

羊的外表溫柔、可愛、祥和，同時內在有拗執與狠勁，所以風水學中，羊不完全是吉祥的靈獸。

一、風水羊的效用

1. 進財與旺財

三「陽」開泰，陽春，羊也，象徵萬象更新，光明前途。應用羊來設置進財旺財的格局，一定要使用「三羊」的圖像，才能發揮效應。但是，不能以「羊頭」來布置，一定要以三隻全羊來布置，否則，

會因「殺生」意象所產生的煞氣造成不利影響，影響運途與健康。

2.增強人的耐力與毅力

羊本性外柔內剛，其耐力與毅力都很好。但同時要警惕成為「代罪羔羊」，應用風水羊的時候，須謹慎斟酌。

二、風水羊的選擇

材質上的選擇，最好是以金質、鍍金為上等，而陶瓷製品亦可。

三、風水羊的擺放

羊於地支為未，在方位上屬西南偏南。風水羊在此位才能發揮風水靈動效應。

四、忌諱

　　未與丑位相沖，丑於方位上是屬東北偏北，此方位不可置放風水羊。丑，生肖為牛，凡是生肖屬牛者最好別用風水羊做風水器具。

猴

聰敏好動——風水猴

猴子聰明、機靈又狡黠,但於風水學中,猴子並沒有被列入吉祥靈獸之中,甚至還多少有著「少親近為妙」的負面評價。

一、風水猴的效應

1.改善小孩的自閉症狀

若家中小孩天性怕生,不喜歡與外界接觸,甚至有所謂的「自閉症」傾向,可在家中廳堂明顯處,或小孩子可以摸到的地方,放置一隻風水猴,對於近似「自閉

症」傾向的孩童會有著很好的改善。

2. 猴子模仿能力的應用

猴子天生具有模仿能力，可以在青少年的房間中，放置「非禮勿聽、非禮勿視、非禮勿言、非禮勿動」等造型的風水猴，發揮勸導警惕，以及潛移默化的風水靈動力。對於所要放置的風水猴要慎重地選擇，否則錯誤的模仿將造成遺憾。

二、忌諱

家中小孩很活潑開朗的，不要放置風水猴，否則會因為活動力太強烈，而造成破壞或受傷。

雞

一鳴破曉——風水雞

公雞司晨報曉，對處於低迷不振的人，可以發揮「振奮士氣」的風水靈動效應。

一、風水雞的效應

1.鼓舞士氣、振奮人心

雞喚醒眾人脫離黑暗，關於風水雞的靈動，尤其是公雞，士氣低落的事業單位或個人，若能在適當的位置擺設一隻風水雞，那的確

可以發揮「振奮人心」的風水靈動效應。

2.驅蟲效應

驅蟲是雞的天生特性，若家宅中或居家周圍有蛀蟲寄生，或小孩常有寄生蟲寄生現象等，都可面對該方向放置一隻風水雞處理。

二、風水雞的選擇

材質方面，大致上，除了塑膠質料的製品不要採用外，其餘的材質都可選用。

三、風水雞的擺放

如何擺放風水雞，其實沒有很嚴格的

理論限制。但要依據用途選擇，如驅蟲害，需將風水雞向著蟲害的方位放置；若助長居家或辦公室生氣旺盛，需擺在家中的大廳，或辦公室的東方位置上。

　　要注意：風水雞生氣旺運的靈動效應並不是很強勁，所以說，若是要有這方面的助益，最好是改用其他的風水吉祥靈獸，如此方不至於造成實質上的遺憾。（附註：若是家中蟑螂甚多且張狂，可以飼養一尾銀帶魚，如此保證可收奇效。）

十二生肖的風水靈動

狗

忠貞不二──風水狗

　　狗是人類忠實的好朋友，在風水學上，狗沒有列入吉祥靈獸的族群，但是有不少助益的靈動效應。

一、風水狗的效用

　　現實中，狗可以守護家園，防患宵小，還可以有效地治療老年人的孤獨自閉症狀，以及改善不知要如何與人相處的窘境等，若能善用狗狗在先天上所具有的實用且善良的一面，可將此靈動力應用在實務的風水學中，而得到對人類有助益的情事。

二、風水狗的選擇

材質上，因為狗為戌、為土，所以以陶瓷土製品為最佳，最能發揮其自然的風水效應。

數量上，以一隻為最佳，否則，數量太多，根據狗性來推敲，保證會吵到你耳根無法消受。

三、風水狗的擺放

狗，於地支為戌，方位上屬西北偏西，五行屬土，但內涵為金。因此，若用風水狗來保護自己，防患宵小，或改善一些人際關係上不得體之處，那麼就必須要將風水狗的模型置放在西北方。（若僅是用於能防患宵小盜賊，則只需要將其面向大門放置。）

十二生肖的風水靈動

四、忌諱

　　基於辰、戌相沖的理論，生肖屬龍者，不要使用為宜，否則怕有反噬主人之憾事發生。

　　風水狗不能放置在門後兩邊，或是家中飼養兩隻狗，否則「哭」字成形，會對家宅中人帶來不良的氣數靈動效果。

豬

福氣圓滿——風水豬

豬，肥肥胖胖的外表，是一種財、福的象徵。所以，風水學上對於豬的風水靈動定義就是財富。

一、風水豬的效應

1.財富靈動效應

豬具有財富風水靈動，在家中或營業處所，放置一隻風水豬的模型，會有催動財源的效應。利用風水豬模型的儲蓄筒，天天投入錢幣養之，靈動效果更好，也最實際，但千萬不要移動它。

2.改善小孩挑食

如果家中有挑嘴偏食，或有吃飯卻不長肉的小孩，可以將風水豬的模型放置在飯廳中，且向著那個孩子，為人父母者，不妨參考一下，效果的確不錯。

二、風水豬的選擇

既然豬具有財富的象徵，所以黃金打造的為最上品，也最能發揮展現其旺財的靈動力。

三、風水豬的擺放

風水豬的造型大多非常可愛且逗趣，因此，除了廚廁以外，大多可做為放置之所。可是，若為專求進財，則必須放置於財位上。比如，若該年為上元七運，財位

在西方，放置風水豬圖進財旺財的最佳方
位就在西方了。

四、忌諱

豬屬亥，基於巳亥相沖的原理，凡生
肖屬蛇的人，家中所擺置的風水豬僅能視
為一種裝飾品而已，完全沒有風水的效
應。所以，對於屬蛇的人，奉勸你還是另
選他種風水獸來應用吧！

第二章
風水吉祥靈獸—麒麟

　　麒麟與龍一樣，是中國人一致認定的風水吉祥靈獸。

　　要理清麒麟的風水效用，首先要從麒
麟的形象說起。

　　麒麟頭部像龍，卻比龍多出一對角：
這是代表著，牠除了具有著龍的尊貴與仁
慈的氣度外，尚有捍衛、攻擊、除暴鏟惡
的能力。

　　身軀如鹿：鹿的性情機警、隨和、活
躍，但卻遵從著團體生活規律、守法，昭
告了麒麟的行事作風與原則。

　　尾部如牛、馬之尾：麒麟的尾巴像牛、
馬一樣，是彰顯出牠具有著化解驅離那些

不受歡迎的邪氣、晦氣的能力。

　　身上長著魚類般的鱗片（以及兩翼的翅膀）：這就是告訴大家，麒麟不但可以自由行走於陸上，牠更是具有著上天下海的本領，牠所具有的能耐與能力，可說是無遠弗屆。

1. 麒麟可以化解各種「有形的」煞

　　風水學上對「煞氣」的認定，大略可分兩大類別，一為「有形的」煞，一為「無形的」煞。

　　「有形的」煞，一般指可看到由實體產生出來的形煞，如住宅外四周環境所看到的障礙物，像有墳場的「陰煞」、有軍警機關的「刑煞」等，都是所謂的「有形的」煞。

若處所周遭不幸有上述「形煞」，就可以利用麒麟制化煞氣的能力化解。將其頭朝向著煞氣方擺放，數量上最好是一對兩隻（因為麒麟也有公、母之別），這樣就可以抵擋制化煞氣可能產生的傷害與災禍。

2. 麒麟可以化解「無形的」煞

「無形的」煞，一般泛指流年，或是方位上所形成的煞氣。這個項目包含甚廣，此處僅介紹一些較具代表性且重要的類型。

（1）流年的三煞位

這是依據流年太歲所形成的煞氣方位所確定的。如下：

（請務必要以羅盤確實定位）

申、子、辰年——三煞位居南方之巳、午、未上。

亥、卯、未年——三煞位居西方之申、酉、戌上。

寅、午、戌年——三煞位居北方之亥、子、丑上。

巳、酉、丑年——三煞位居東方之寅、卯、辰上。

（2）流年的白虎煞位

這個煞位是根據著「四利三元十二宮」的理論演繹而來（圖表如後）。依流年太歲形成的十二宮位中，排在第九宮位的是「白虎宮」（亦稱弔客宮）。以當年太歲所在依次算到的第九個宮位，且方位

在住家的左手方，便是犯了「流年白虎煞」。

白虎：主諸凶，為煞，具有破壞與衝擊的力量，犯者，諸事不順，有災禍。

弔客：主孝服弔喪，常會受人暗算陷害，甚者，有凶危之虞。

依據古籍理論的說法，白虎最大的剋星就是麒麟。因此，可以將麒麟向著「白虎煞」方位擺放，也可以書寫「麒麟符」來制化白虎煞。

註：麒麟符制白虎（請以紅色紙條與乾淨毛筆沾硃砂墨書寫）

太歲／星名	太歲	太陽	喪門	太陰	官符	死符	歲破	龍德	白虎	福德	弔客	病符
子	子	丑	寅	卯	辰	巳	午	未	申	酉	戌	亥
丑	丑	寅	卯	辰	巳	午	未	申	酉	戌	亥	子
寅	寅	卯	辰	巳	午	未	申	酉	戌	亥	子	丑
卯	卯	辰	巳	午	未	申	酉	戌	亥	子	丑	寅
辰	辰	巳	午	未	申	酉	戌	亥	子	丑	寅	卯
巳	巳	午	未	申	酉	戌	亥	子	丑	寅	卯	辰
午	午	未	申	酉	戌	亥	子	丑	寅	卯	辰	巳
未	未	申	酉	戌	亥	子	丑	寅	卯	辰	巳	午
申	申	酉	戌	亥	子	丑	寅	卯	辰	巳	午	未
酉	酉	戌	亥	子	丑	寅	卯	辰	巳	午	未	申
戌	戌	亥	子	丑	寅	卯	辰	巳	午	未	申	酉
亥	亥	子	丑	寅	卯	辰	巳	午	未	申	酉	戌

風水吉祥靈獸——麒麟

（3）五黃煞

這個煞位依據「九宮飛星」的理論推演而來。「五黃」即廉貞星，五行屬火，洛數為五。代表著瘟病、災禍與死亡不好的象徵。不管是住家或營業處所，流年的「五黃煞」位上，該年切勿有裝修、翻修或大興土木的動作，否則必會發生意外血光或死亡。另外，此煞最恐怖處即在，一旦犯上了它，不論是意外或是血光，一定持續發生五件方會停止。

「五黃煞」位求法

首先查閱通書或萬年曆，找出該流年九星值宮，然後再應用飛星理論來找出「五」所落在的宮位，配合八卦方位論述，即可知道該年的「五黃煞」位。

為使大家能夠輕易地知道流年九星的「五黃煞」位，特將相關資料列表於後。

五黃煞在南方

九	⑤	七
八	一白	三
四	六	二

風水吉祥靈獸──麒麟

一	六	八
九	二黑	四
⑤	七	三

五黃煞在西方

二	七	九
一	三碧	⑤
六	八	四

五黃煞在中央

四	九	二
三	⑤黃	七
八	一	六

五黃煞在西北

三	八	一
二	四綠	六
七	九	⑤

風水吉祥靈獸——麒麟

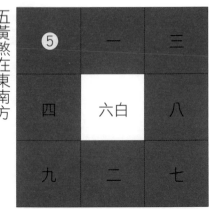

五黃煞在東南方

⑤	一	三
四	六白	八
九	二	七

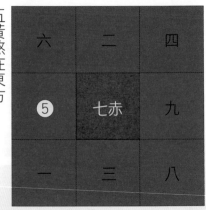

五黃煞在東方

六	二	四
⑤	七赤	九
一	三	八

五黃煞在西南方

七	三	⑤
六	八白	一
二	四	九

五黃煞在北方

八	四	六
七	九紫	二
三	⑤	一

風水吉祥靈獸——麒麟

附註：

1.九星：一白貪狼、二黑巨門、三碧
祿存、四綠文曲、五黃廉貞、六白武曲、
七赤破軍、八白左輔、九紫右弼。

2.年、月、日、時均有所值之九星入
中。有關此部分的資料，各位可逕自查閱
通書、萬年曆，或是民間所出的農民曆即
可。

3.數字「五」，即是「五黃煞」，在
飛星盤中其所飛到的方位就是該年的「五
黃煞方」；要注意的是，這在年、月、日、
時都有。

4.前述之法則稱為「紫白飛星法」，
也就是玄空派風水學中所謂的「挨星法
則」。

3. 「麒麟送子」的效應

　　「麒麟送子」的原因也是基於陰陽之道，因為麒麟本身亦有著公、母之別，然後再配合流年的「天喜方」來搭配使用、擺設的格局即可。

二、麒麟的擺放

　　風水學上對於麒麟的用法，有非常多的禁忌，要用做制何種的煞，就得要選擇針對制化該煞的麒麟型種，然後再來考慮所應該要擺放的位置；當然其他還有如用作祈福或是開運的麒麟、鎮宅用的麒麟等等。

　　選取用作制化煞功能的風水麒麟，一定要經過宗教或是具有道行的大師開光與加持，才能發揮其應有的風水靈動效應。千萬不要隨便找個麒麟放置，若遭到經過遊靈的入侵，就得不償失了。

若是個人選取風水麒麟的話，在購買以後，先用紅紙包起來，拿去寺廟裡過爐，放置七七四十九天之數，如此能讓其原本的氣（或是已有被污染、入侵的煞氣）滌盡，轉變為降魔伏妖的「殺」氣，以及增添一份神佛慈悲為懷、救世濟人的祥和之氣。如此 DIY 的開光加持動作後，它便可以發揮化煞趨吉的效應了。

風水吉祥靈獸──麒麟

三、忌諱

麒麟對邪惡之人、事、物，不但痛恨且都會付諸懲罰，所以並非人人都能擺設麒麟化煞解難。若是邪魔歪道、為非作歹，或是盡做些傷天害理且內心奸險狡詐陰毒之人，情形是完全不同的。

第三章
「只進不出」的貔貅

貔貅是中國古代的一種瑞獸，俗稱龍王第九個兒子，專吃金銀珠寶，被王母娘娘處罰塞住屁股，所以比喻金銀財寶「只進不出」之意。在風水學運用上，通常將其拿來驅邪、擋煞、鎮宅之用。目前市面上有現成的貔貅飾品（手鐲、項鍊）銷售，若是隨身佩戴，亦可發揮其驅魔保平安之功效。

一、貔貅的效用

1.鎮宅、制煞、避邪

　　將已開光的貔貅安放在家中，可令家中的運勢轉好、旺運加強，並能趕走邪氣，有鎮宅之功效，而成為家中的守護神，並能常保闔家平安。它與麒麟最大的分別是：擺放貔貅時，必須將頭向門外或窗外，原因是使其可以吸納四面八方的財富，而麒麟則不需這樣麻煩擺置。

2.招財、旺財

　　這是比較多人知道的風水效應，除能

助益偏財外，對正財也很有幫助。貔貅向來都喜歡金錢之氣味，所以做生意的商人也宜安放貔貅在公司或家中，可收旺財之效。

3. 化解「五黃煞」

五黃在風水上是可怕的殺星，它所到之處，都會令宅中人口不健康、運滯不順等。我們可以在五黃所飛到之處，安放一對貔貅解其凶性。

「只進不出」的貔貅

二、貔貅的選擇

翡翠和金屬製造的貔貅催財的靈動力
最強，對催財、改運、避邪、護身有其特
殊的功效。玉製成對的玉貔貅適合夫妻、
情侶佩戴，因為沒有一模一樣的玉，因此
每對玉貔貅都是獨一無二的。

三、貔貅的擺放

　　貔貅招財的運用，一定要採取公、母
一對，絕不能僅用單獨的一隻，然後將其
擺在陽宅的財（旺）位，或者家中金庫或
保險庫內，至於店家就將它們擺在收銀臺
或收銀機上面，因為它有主發偏財、旺正
財之效；另外，若是用於鎮宅之貔貅，於
擺設時只要面朝外或朝向煞位即可；若是
做開門生意者，則可擺置於收銀臺左右，
而且要白天頭朝外，咬錢；晚上，則要頭
部朝內，吐錢入財庫。

「只進不出」的貔貅

四、貔貅開光方法

　　若想增加貔貅的靈動力，最好的方法是拿到寺廟請高僧開光或加持，也有一些 DIY 的開光方法。

方法一：

　　若要自己開光，可先用乾淨的白色毛巾沾清水或鹽水將貔貅擦淨後，找一個適合開光祈福的吉日吉時，為貔貅開光。首先將硃砂點在貔貅的頭部，或用紅紙剪成一元硬幣大小貼在其腹部，然後再拿到自家神位的香爐上順時鐘繞三圈即可。

另外，你的貔貅不要讓外人摸得太多，特別是嘴巴，摸得多了，就不靈了。相對的，自己把玩的時侯，多摸摸它的眼睛倒是很有好處的。

方法二：

用一個新碗，注入一半熱水，一半冷水，叫做陰陽水，把貔貅浸泡一段時間就可以了。

方法三：

把新買的貔貅放在陽臺上，白天太陽光，夜間月光，最容易照射到的位置擺放十六天，貔貅便可自然開光，應用此種方法開光的貔貅，因為吸取了宇宙天地間日月之精華，故擁有著極強的抗煞和招財能力。

方法四：

1、選擇一個吉日，將貔貅清洗乾淨。

2、取半桶井水，再取半桶雨水。

3、倒入一個事先準備好的容器中，這個
　　容器要清潔乾淨。

4、將清潔乾淨的貔貅放入容器中，浸泡
　　七天。

5、取出後，用乾淨的毛巾擦乾淨。

6、取一些茶油，塗在貔貅的眼睛上，這
　　叫開光。

7、貔貅通人性，開光時，只能自己一個
　　人在場，貔貅開光後，第一個看到的
　　是你，你就是它的主人，會終生保佑、
　　保護你。

五、忌諱

貔貅擺放有三忌

1、不要頭對正門（從外面進來的門，其他無所謂，但不要對廁所），因為正門是門神或財神執掌的地方，貔貅無權過問。

2、不要對鏡子，因為鏡子會產生光煞，貔貅忌諱。

3、不要對著床，這樣會對自己不利。

貔貅供養也有忌諱

1、香爐裡不能放沙子、泥土，要放薑米、

珍珠米、黑米。

2、供奉果品中不能有梨、草莓，其他不
忌，酒、肉亦可供奉。

3、女人有月經或者懷孕時，千萬嚴禁給
貔貅上香、撫摩，因為貔貅最忌光煞、
血煞與胎煞，一旦觸犯了，則其所有
的靈氣就全失效了。

4、不要經常打掃貔貅，每年只有四次打
掃時間：二月六日、六月二日、七月
十四日、九月十二日等，都是以農曆
來計算的。

5、一經固定就不得隨意搬動貔貅，亦不
能隨意地撫摩貔貅嘴及頭部，若真有
需要搬動時，必須要先用紅綢布包裹
其頭部令其看不到，然後方可再搬動。

第四章
靈龜開運又延壽

　　烏龜為風水學中的吉祥靈獸，而且備受重視，主要的原因：一是烏龜具有非常長的壽命，二是其「四兩撥千金」、「慢工出細活」的個性。在風水上，就是將這種「以柔克剛」、「四兩撥千金」的展現，做為化解暴戾之氣與形煞的最佳靈動利器。

一、靈龜的效用

1. 靈龜化煞

　　對於「煞」最好也最智慧的解決方法就是化解，這在風水學上尤其明顯與重要，至於與其硬碰硬，除非實在沒有其他的辦法可想，否則還是盡量少用為上。

　　所謂「百鍊金剛也怕繞指柔」，將烏龜向著有煞氣的方向擺置，就是一種應用烏龜性情最好的化煞方法。

2. 祛病、延年益壽、壓驚的靈動

　　烏龜本身即具有祥和與長壽的象徵與

事實，因此一般人大多以祥瑞之獸視之。

風水龜所展現的祥和與化煞的靈動力，適宜老人與病人的磁場搭配；所以，若是在睡房或床位上放置一隻風水龜，不但能為其吸除掉穢（晦）氣，更可藉其吐出的吉祥靈氣，增進老人與病人的健康。若是在孩子的睡房中放置一隻風水龜，除了可以暗中發揮其化煞的功能外，也可以讓孩子在快樂、健康的氣氛與環境中成長。

3. 靈龜改變事業運

烏龜的緩慢是一種循序漸進、穩紮穩打的持久毅力與智慧的表現，而非怠惰、偷懶的性情，可以應用烏龜來改變事業運勢。改變事業運無非是想多賺些錢財，若

是再多加進「古錢幣」的效應助力，那就更可得以相輔相成且相得益彰了。

至於要如何為之，方法如下：

將風水龜（黃金所打造的）置於一銅盤或是銀盤中（千萬不可用一般的塑膠盤或是陶瓷盤），再將所選用的古錢幣（要以順治、康熙、雍正、乾隆與嘉慶朝代的「五帝錢」為主）分別置放於金龜的前、後、左、右八方，這就是所謂的「四方納氣，八方進財」，面面俱到是也。

當然，風水龜最好是擺置在向南的窗口上，因為南方光線最為充足，這樣才會造成「金光閃閃」的旺勢靈動效應。

對於所選擇打造好的金龜，一定要請高人來做開光加持的動作，一則可驅除萬

一所沾染的不良邪氣,再則可增加其吉祥
靈動的效力,否則不但力道會大為減弱,
甚至還會因而帶來無謂的災害與糾紛。

4. 靈龜進財、旺財

　　風水龜除了上述的幾種開運改運法,
還可以應用它先天的靈氣來進財、旺財。
應用風水龜所引進的財,以「正財」為主。

　　烏龜原本的生態習性是在水中,因此
「水」是配合風水龜擺置的最

佳輔助的工具;另外,「珠」

的造型器具也是配合的

靈動器物之一,如俗

謂的「靈龜取珠」

或是「靈龜搶珠」

的格局搭配。

二、靈龜的選擇

　　被用作風水工具上的烏龜，雖然也可以用活生生的烏龜來做為制煞的道具，可是在人性不忍心的慈悲心而言，一般都沒有人會去用實物來做的，再加上，牠是活生生的生命體，也不可能一直乖乖地靜止不動固定在原地。因此在用作風水制煞的風水龜，大多是以木質的、陶瓷的，或是金屬製的材料來替代。或許有人會問：「這些替代品，是否會減弱其化煞的靈動力？」關於這一點，各位大可放心，因為這些替代品，只要處置得當，它們所能發

揮的靈動效力是跟真品一樣的，除非是你自己在安置或擺設上發生了錯誤，否則不用操這個心。

用於祛病、延年益壽、壓驚，以木質製的，或是陶瓷製的，或石質製的風水龜為宜，這些材質散發出來的磁場氣數較為溫和與柔順，對於氣數較為弱勢的老人、小孩或是病人，才能夠得到實質上的助益功能。

運用風水龜來改變圖旺的事業運，最好的選取材質是「金龜」。至於其他材質，如銅質材料者亦可，只是功效會差一些，但是不要用木質或是陶瓷製的，因為木龜粗糙又價廉，而陶瓷（或瓦）龜則易碎且不夠密合，這兩者在用於開展圖旺事業運勢，實在不恰當。

三、靈龜的擺放

方位與五行的搭配是擺置風水龜最為重要關鍵的因素，因為不同的方位會有不同的五行來做搭配與所屬，如東方要配五行木、南方要配五行火等，就是最好的範例。因此只要方位與五行配置錯誤，則不但無法發揮其化煞的靈動力，更甚者，會招來相互呼應的災害與禍事。為讓各位在布置上不要犯了錯誤的搭配，筆者特將方位與五行配置的資料整理如下，以供做日後 DIY 的參考。

方位配五行：

(1) 東方（震）、東南方（巽）：

五行屬木。

(2) 西方（兌）、西北方（乾）：

五行屬金。

(3) 西南方（坤）、東北方（艮）：

五行屬土。

(4) 南方（離）：五行屬火。

(5) 北方（坎）：五行屬水。

例如南方有煞，由於南方屬火，而火能生土，故可用材料為石質的風水龜擺放安置；又如西方有煞，由於西方屬金，所以最好就用金屬質料的風水龜等，其餘皆可仿此類推。

將風水龜用於具體用途時，可以參閱

以下的規則擺放。

　1. 用風水龜化煞，煞在哪裡，就將風
　　　水龜的頭部朝向著煞氣的方位擺
　　　設。

　2. 用風水龜旺財，最好將風水龜置放
　　　於「生氣方」。

　　每個家宅中有一個方位的磁場效應是
對住宅最好的，我們稱之為「生氣」旺方。
「生氣」旺方，不但可以讓居住於住宅內
的人口平安、和諧與健康，甚且還可以改
造與庇蔭宅內人人事業順遂、財運亨通流
暢。

八方住宅的「生氣方」

　　（1）坐北向南的住宅，其生氣旺方
　　　　在東南方。

（2）坐東向西的住宅，其生氣旺方
　　在南方。

（3）坐南向北的住宅，其生氣旺方
　　在東方。

（4）坐西向東的住宅，其生氣旺方
　　在西北方。

（5）坐東北向西南的住宅，其生氣
　　旺方在西南方。

（6）坐東南向西北的住宅，其生氣
　　旺方在北方。

（7）坐西南向東北
　　的住宅，其
　　生氣旺方在
　　東北方。

（8）坐西北向

東南的住宅，其生氣旺方在西方。

然而有一點是大家必須瞭解的，烏龜的本性是屬於一種緩慢的、穩重的性情，因此它會展現出來的氣數也是屬於緩和漸進式的型態。

第五章
廣納財源的三腳蟾蜍

　　《神仙列傳》中提到過三腳金蟾有擅長變錢的法術，可能是基於《神仙列傳》的傳述，所以日後大家都認為三腳蟾蜍具有著「招財」的靈動力。因而才會將它拿來做為招財納財的風水法器寶物。

一、三腳蟾蜍的效用

「金蟾蜍」是吉祥招財靈物，現今大家所謂的「三腳金蟾蜍」，一定要是「三腳」的才是道地的招財靈物，否則就沒有這種開運招財的靈動力了。

二、三腳蟾蜍的選擇

　　在材質上，金質材料製造的最佳，否則所發揮的招財靈動力會大打折扣。在製作的體積上，沒有硬性的限制，只要有誠心，一隻小小的金蟾蜍，也可發揮開運招財的靈動力。

　　其他材質，如銅製的、鐵製的、瓷製的或是木製的也可用，在體積的講究上，就得要製作得大一些。且這些材質所能發揮的「開運招財的靈動力」，就不能與「金製」的相提並論。

三、三腳蟾蜍的擺放

1. 金質或白玉的「三腳金蟾」的擺放

　　金質或白玉的「三腳金蟾」，最好放置在有光線照射之處，如此可展現「金光閃閃」的氣勢，對招財、開運有實質助益。如果有金黃色的盤子或是能裝盛物品的黃色器物，然後將「三腳金蟾」置放其內，其中再放置一些古錢幣，能收到更佳的開運效果。只是，古錢幣要有所選擇，最好用下列五個年代的——順治、康熙、雍正、乾隆與嘉慶，就是俗稱的「五帝錢」。

此外還可搭配個人的五行命之所屬來放置，如屬金之人，放置在西方；屬水之人，置放於北方；屬木之人，放置在東方；屬火之人，擺置在南方等。

再者，如果有保險箱（櫃），可將「三腳金蟾」放置其上，「三腳金蟾」對於錢財最敏感，如此放置，更能發揮招財功效。

2. 銅質、木質、瓷質的「三腳金蟾」的擺放

擺放在住家或是辦公處所內，那最好就是要選擇「正財位」，然後再搭配運限的「流財方」。

3. 隨身攜帶的招財「金蟾項鍊」

　　以黃金打造的「金蟾項鍊」，一定要搭配黃金材質的鍊子。以玉質打造的「金蟾項鍊」，一定要搭配銀製的鍊子。

1. 三腳金蟾蜍需要經過專業的法師開光，並且要按風水財位擺放，方能發揮其招財、進財之靈動效應。

2. 「聚寶盆」的擺放，必須藉三腳金蟾蜍來招引財氣，否則不管再精製的盆子，或寶洞如何深邃，都無法展現聚集財物的風水靈動力。

第六章
桃花朵朵開
——鴛鴦、交頸鵝

　　鴛鴦、交頸鵝（圖或模型均可）天生就有著「成雙成對」的內涵意象，可催動桃花效應。

一、鴛鴦

1. 鴛鴦的效用

　　鴛鴦對愛情專一、執著，風水學上用鴛鴦做為催動桃花情愛的吉祥物品。對於未婚且適婚的男女，如想要早日找到如意的終生伴侶，「風水鴛鴦」的確是很有效應的吉祥物品。

2. 鴛鴦的選擇

　　「風水鴛鴦」材質的選擇，不能仿照改善財運所使用的金質製品，基於要使用的種類不同，也有著模型與圖像的分別。

（1）模型風水鴛鴦

材質上可採用翠玉或陶瓷，其中以翠玉材質最為上等，而其展現的催動桃花的靈動力，自然也是最為優質。

（2）圖像或是圖騰的風水鴛鴦

圖像或是圖騰的風水鴛鴦，色彩的鮮豔亮麗與否，是最為重要的考慮因素。鮮豔的風水鴛鴦圖像或是圖騰，展現的感情意象更燦爛、熱烈，不論對情侶或夫妻，都有如膠似漆、你儂我儂的實質效應。

3. 鴛鴦的擺放

以鴛鴦做為催動愛情的風水工具，一定要用兩隻，若是在擺放的鴛鴦中，其中一隻不慎被摔破，必須要重新再買兩隻置

放，不能僅是補上一隻了事。

　　若是要增進夫妻間情感，可在睡房的床頭櫃上放置一對「風水鴛鴦圖騰」（「交頸鵝圖像」亦可），或於床尾面對的牆上掛上一幅「風水鴛鴦圖騰」（「交頸鵝圖像」亦可）。

　　催動桃花的「風水鴛鴦」擺放的位置有男女之別：

（1）男性：

　　男性朋友可在面向大門右手邊的適當位置上，放置「風水鴛鴦圖騰」或「交頸鵝圖像」。

（2）女性：

　　女性朋友可在面向大門左手邊的適當位置，將「風水鴛鴦圖騰」或「交頸鵝圖像」放置其上。

桃花朵朵開——鴛鴦、交頸鵝

二、交頸鵝

交頸鵝就是如膠似漆地糾纏在一起的鵝，風水學中藉著這種自然生態現象，用作催動愛情與桃花，改善增進夫妻感情的吉祥靈動。它的擺設用法，以及所適合選用的材料等，都可參照「風水鴛鴦」。

第七章
助益多多的水晶

　　風水理論主要探討天地間磁場所產生的徵驗效應，而水晶本身也是一個磁場。從應用風水的角度來論，水晶所具備的磁場效應的確具有其實質的影響力。

一、水晶的效用

　　若將水晶置放在一個地方，它本身所具有的磁場會與該地方的磁場產生互動。這種互動於風水學而言，就是一種風水的靈動現象。因晶體內所含物的不同，以及震盪波長頻率的差異，會造成各種不同的風水效應。水晶風水的效應廣泛，諸如宅運、愛情、財富、健康、事業，以及人際關係等，均可透過水晶的磁場效應來加以改善。

紫水晶

開發智慧，增強
腦波的靈活度，以及
淨化磁場的功效。（有
「老人癡呆症」者，
用之甚佳。）

白水晶

可增強記憶力，
及淨心、趨邪護身的
功用，如果再經過加
持，則靈動力更強，
效果更好。

墨晶

能增強本身的氣場，提高免疫的能力，以及幫助新陳代謝系統的正常。但病重之人，忌用之。

黃水晶

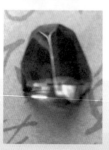

增強財富的運勢，並能緩和緊張、恐懼的心情，以及增加胃腸方面的健康。

紫黃雙水晶

兼具紫水晶與黃水晶的靈動氣場，並可祥和周遭不協調的氣場。

茶晶

色如茶水，可消除過度緊張的情緒，及用腦過度與視力的疲勞。最適合公司決策者，或是在學的莘莘學子們。

紫砂水晶

其內部含有天然的紫砂成分，且天生自成一些圖案的造型，甚為神奇玄妙。這種水晶對於心臟、血液循環的功能，極具特殊的增助效應。

芙蓉晶

　　色呈淡粉紅色，又有「粉晶」之稱。可加強你的人際關係，以及增進熱戀中男女的情感。

綠色小精靈

　　是事業與招財順遂如意的最佳氣場靈動力，並可助肝膽功能的正常與健康。

碧璽水晶

　　內含綠色碧璽（電氣石），產量少，色澤如翡翠般，且具有

閃光與顏色變幻的現象，可排斥負性磁場，增強有益人體的正性磁場。有避邪、增助事業發展與促使願望實現等功效。

紅絲水晶

內部具有極細微的紅絲紋路。可保平安、延年益壽，並能預防心臟、血管方面的疾病。

銀絲水晶

內部具有細微的銀絲紋路。有助於腦力的活動，加強理解、記憶的功能。

白幻影

　　可增強本身的氣場，有助於身體的健康。

吉祥如意金絲水晶

　　是水晶中的精品，宛如有神佛的自然加持。可護身、避邪，並可旺運、聚財，以及助益事業的發展。

大衛星

　　其形狀是由兩個正三角形上下左右相疊而成的，造形奇特，具有護身、避邪的功效。

除了以上所介紹的水晶種類以外，還有一些較為特殊，且較為少見的，如孔雀開屏水晶、飛龍在天水晶等，但是，它們所具有的功能與用途，就較為專業化了。

助益多多的水晶

二、水晶的選擇

1. 水晶質地的純度

　　以清澈無瑕疵的水晶為上品，再視個人的用途與磁場性質，選用配置。

2. 水晶真假之辨識

　　真的天然水晶有雙折射的象徵，仿製品則無。

三、水晶淨化方法

使用一段時間過後的水晶,必須要加以淨化,否則它的靈動效應必然減弱,甚至會被「同流合污」而失去本質。淨化水晶的方法,也是我們應該瞭解的。

1. 海鹽水淨化

準備含有天然礦物質的海鹽水,將使用過的水晶置泡其中,最好浸泡兩小時以上為宜。

2. 水晶洞淨化

以天然水晶洞存放之,並灑上清水淨化。

雖然水晶原本就有磁場能量,但放置的時間一久,亦會產生「磁場疲乏」的現象。此時,

僅需將水晶放於陽光下曝曬，或放於冰箱
冷凍即可，時間的長短沒有限制。

第八章
鈴兒響叮噹
——風鈴的風水效應

　　風鈴，在風水學上，雖然不是什麼很特別的吉祥物，但也沒有被認定為凶物。由於實質上具有的風水效應，在實際生活中被廣泛地應用。

　　如它能放鬆精神上的緊張狀態，可以靜思靜心而助益吾人的身體健康，也能藉助方位上正確的擺設而展現開運與化煞的功能（能夠化解凶惡的「五黃煞」，於後闡述）。

一、風鈴的效用

1.舒爽精神，排解壓力

　　風鈴於風水上的效應，一則因為外觀造型精巧與可愛，看到它，可以緩和情緒；再者，風鈴一般以金屬製作，五行屬金，金生水、水剋火，所以可以消滅工作上、人際上的緊張與壓力產生的逼迫之氣。

2.風鈴的進財靈動

　　風鈴也能改善財運與人際關係，但這只是額外間接的帶動效應。風鈴五行屬金，金即財也，藉著風鈴隨風起舞，也發

動了進財滾滾的氣數；至於人際關係的改
善，原理大致跟進財的靈動相似。

3. 風鈴化煞

前文提過，風水學中有一種配合流年
與方位而成的「五黃煞」，是風水學中最
為嚴重且凶猛的神煞典型代表。

五黃煞，五行屬土；風鈴（最好採用
黃色的銅鈴製品）五行為金；依據著五行
相生相剋的原理，是為土生金的效應。可
以在該年「五黃煞」飛至的方位，掛上一
個銅鈴，應用所謂的「母子效應」，減弱
「五黃煞」的凶猛煞氣。

鈴兒響叮噹——風鈴的風水效應

二、風鈴的選擇

　　風鈴最好是金屬材質的，如此方能展現出它的靈動能量。目前在市面上的風鈴，多數是玻璃纖維所製，或以塑膠材質製造，諸如這些都不能做為風水上所用。

第九章
包羅萬象的羅經

　　羅盤俗稱羅經，它是風水學中必備的測量工具。在後世，黃帝所發明的「指南針」因用途不同而有所改造，現行的「羅經」使用的是「指北針」。

　　相傳，秦漢時的黃石公催咒將蚩尤的魂魄置放於天池，自此，蚩尤魂魄即附於羅盤之中。但蚩尤本性惡劣，常常作祟傷人。到了唐末，風水大師楊公、賴公憤恨蚩尤作祟的害人行徑，撰寫了許多趨避之法。事實上，風水學的領域，「蚩尤」就是諸「神煞」的代名詞，而「羅經」也成為了解厄制煞的風水利器。

一、羅經的效用

1. 鎮宅盤

「鎮宅盤」是風水學上安椿固基使用的羅盤，跟一般的羅盤有些不同，也沒有一般羅盤的複雜與多元性，但卻都具備了太極先、後天八卦之盤面。使用上，數量為五個或九個。一般使用這種方式來做建築之事，大概都與地質、環境，或個人八字有關，最好請老師為之較為妥當。

2. 制化形煞

根據前文介紹，羅經本身就具備了極

強、極凶的暴戾之氣，所以風水學上將其用作「制化形煞」的強勢利器。

二、羅經的擺放

　　制化形煞，僅需要將羅經掛在（或擺置亦可）房子四周有煞氣沖犯之處即可（圖像亦可）。另外，平時也可將其置掛於廳堂中，且面向大門的牆上，也能防範陰氣或是小人侵害與干擾。

三、忌諱

　　由於羅經內涵包羅萬象，且具有的「氣」是煞氣多於吉氣、吉凶參半，因此，若沒有專業人士的指導，千萬不要自己妄用（甚至妄動），否則，若是遭受羅經煞氣的波及，後果實在很難預料。

135

包羅萬象的羅經

第十章
古畫、古董的靈動效應

　　古畫、古董本身都具有靈性的感應。因此，若是擺置正確，會有增助開運的靈動效應；但若不正確，則會招致無謂的麻煩、災禍，甚至有家破人亡的不幸徵驗。若要將其擺掛於家中或辦公處所，務必多加謹慎。

一、古畫、古董的效用

古畫、古董有其各自的特性,如山水畫有人丁與財富之象徵,龍、鳳或孔雀開屏、牡丹花等畫有尊貴富貴的意象,古玉或是陶瓷器物則象徵著健康長壽與富泰,而銅製器品則具有陽剛之氣等。因此,若要將其用作風水器具來使用,一定要根據它具有的特性慎重篩選。

在實務上,古畫、古董年代愈久遠應驗的靈動力愈迅速且強勁;反之,則會較為緩慢且力道也較弱。

二、古畫、古董 的擺放

　　凡事都有所謂的「尊卑貴賤」之分，字畫也無法例外，風水學上，是以左邊為尊、為貴，而右邊次之。擺放古畫、古董要注意次序。

　　另外，對於居家住所或是辦公營業場所選用的古畫、古董，一定要加以分辨。居家的以靜與柔為主，如山水人物的古字畫、白玉雕刻品等；辦公處所最好是選用色彩較為鮮豔，且內容上較熱鬧或氣勢磅礡的古畫、古董，譬如大紅牡丹圖像、八

古畫、古董的靈動效應

駿圖、錦鯉躍龍門等。

　　除了以上所介紹的法則外，有關古畫、古董的擺設放置，我們也可以根據其所屬的五行方位來擺設之。將其法則列於下：

　　五行屬木者，可放置在東方或是東南方。

　　五行屬水者，可放置在北方。

　　五行屬火者，可放置在南方。

　　五行屬金者，可放置在西方。

　　五行屬土者，可放置在中央。

三、忌諱

有些古物長年埋於地下，或深藏古墓之中，對於這些挖掘出土的古畫或古玩，要非常慎重。最好能在收藏之前，先行請教專業的人士。

現代人還經常擺放一些宗教方面的字畫或是雕像，如觀音菩薩圖像或雕刻模型、普門品心經字畫、金剛經等。但是宗教之物有其先天的一股無形的靈氣，使用前要經過正規、正派的處理，否則很容易被外邪侵入，導致使用人深受其害。

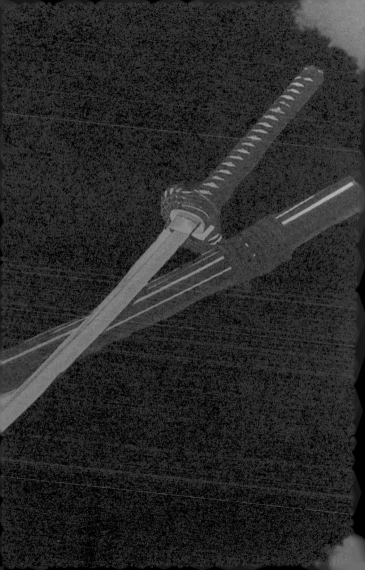

第十一章
刀、劍乃「不祥」之物

　　每個人都有屬於自己的個性、嗜好與興趣。然而從風水學的角度而言，不管是何種個性，在居家或辦公處的布置上，最好不要選取帶有極重殺氣（怨氣）之物，如刀、劍、兵馬俑、冑甲衣等，若是因不知而選用，對主事者造成無妄之災，可就得不償失了。

　　對於刀、劍、武器之物，一般人還是
不宜將其做為風水上改運的法器，因為這
其中所牽涉的殺傷力實在太過冒險。

　　刀、劍類的擺設並不是每個人都適用
的。簡單地說，凡是本身具有霸氣者，或
是原神命格強勢之人，比較適合擺放此些
物品。如捍衛國家的軍人、維持社會秩序
安全的員警人員，或是黑道中的首領等，
可以算具有霸氣的典型類別，對於這些
人，刀、劍、武器展現的煞氣，正好與其
職業性質相輔相成。至於原神命格強勢之

人，如命盤中有殺破狼、廉破、紫破、紫殺等格局者，若是再逢會羊陀或夾宮，更有輔弼、左右、魁鉞等吉星會照，他的氣勢能制衡刀、劍的殺氣，而相互為用。

刀、劍乃「不祥」之物

二、刀、劍的擺放

刀、劍、武器是做為殺敵或是防衛的器物，因此它僅適合擺放於有殺氣的地方，如派出所、軍營中、監獄內或是刑場等處，若擺放適得其所，才能展現發揮其應有的凌厲肅殺的氣勢靈動。

三、忌諱

1. 刀、劍會給居家生活帶來不安寧、不祥和,甚至災害重重

　　家中廳堂中,若是置放了刀、劍之流的物品,會造成一股逼人威迫之氣,致使家中成員產生一種對立、壓迫,或殺氣騰騰的不和諧象徵,也會令外人不敢來你家拜訪做客。

　　除了大廳或辦公處所,房間內更是忌諱放置這些刀、劍之品。若是將其放置於夫妻房內,由於其敵對與防衛的氣數靈動

力，必然會導致夫妻間經常性的口角。

2. 刀、劍會使營業處所產生擋財的不吉靈動

　　若在營業處所放置了刀、劍、武器之流的擺飾品（若是經營這方面生意者除外），它所發出的殺氣，會令顧客感到不自在，甚至會有排斥不舒服的感覺，自然不利於經營。

另外，在辦公室放置刀、劍之流的裝飾品，會影響擺放者在公司上上下下人際關係的融洽。

刀、劍乃「不祥」之物

第十二章
節節高升的開運竹

　　開運竹，其實就是「萬年青」的別稱，
是人們居家常見的擺設物品。人們喜愛擺設，
原因大致有二：一是取「萬年青」字義意象；
二是藉由「節節高升」之象徵，來做為風水改
運開運的靈動力。

一、開運竹的效用

1. 改變人際關係

　　利用開運竹改善人際關係，主要取決於它的特性與所屬五行的意象。開運竹五行屬木，木仁慈、忍耐，能自由上下左右地發展，因此不會與人相處的人，或是對自己人際關係不滿意的人，都可應用開運竹的風水力量加以改善。另外，利用開運竹改善人際關係，一定得要成群整體的，方才有風水的效應。

2. 增助事業運的發展

現今的社會，人際關係的好壞幾乎可與事業是否能發展順遂劃上一個等號，因此，開運竹在改善人際關係的同時，自然也會有助於事業的發展。

3. 開運竹能興旺財運

開運竹的旺財效應並不是直接的，而是從前述的靈動力間接助益的。一般我們看到的開運竹，環節是「節節高升」的，於風水學的角度而言，實是「升官發財」最好的靈動效應。

4. 改善健康運

由於開運竹具有朝氣蓬勃的象徵，所以能改善我們的身體健康狀況，尤其是老年人或是長年臥病在榻的人。

二、開運竹的擺放

開運竹，五行屬木，屬東方，也就是青龍位，所以，若想讓開運竹發揮最好的風水效應，我們可在住宅或辦公室的東方，或是青龍方（面向大門的左邊）放置一盆開運竹，如此，對於我們的人際關係或是事業運，一定會有很好的改善靈動效應。

除了擺放位置，擺放數量也會影響開運竹的風水效應。想知道什麼數量合適，我們就得先將風水學中「河洛圖數」的理論，大略地敘述一下。

一、河圖

　　相傳中國於上古時代有龍馬負圖出於黃河，故名之。《禮緯》云：「伏羲德合上下，天應以鳥獸文章，地應以河圖洛書，則而象之，乃作八卦。」

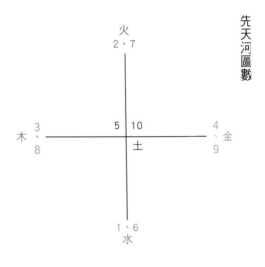

先天河圖數

火
2、7

木
3、8

5　10
土

4、金
9

1、6
水

河圖歌訣

天一生水、地六成之。

地二生火、天七成之。

天三生木、地八成之。

地四生金、天九成之。

一、六在北，

二、七居南，

三、八居東，

四、九居西，

五、十居中。

註：天者、陽也。地者、陰也。

二、洛書：

相傳大禹治水之時，有龍龜浮出於洛河，因其背刻有古代九數的幾何圖形而得名。

古書云：「禹治洪水，賜洛書，法而陳之，九疇是也。河圖洛書，互為經緯；八卦九章，互為表裡。」

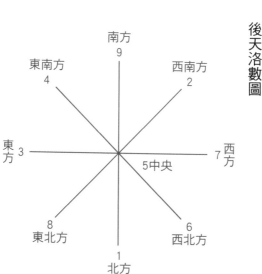

洛書歌訣

載九履一，

左三右七，

二四為肩，

六八為足，

五在中央。

　　的確，開運竹屬木，方位是在東方，其數量的選擇最好是三枝或八枝，但由於以枝來計算，整體的氣勢實在不怎麼樣，而且又不美觀；因此，一般大多改以「層」來計算。另外，基於水生木的原理，或是木剋土的自然現象，亦可用一、五、六、十層來布置設計。

三、忌諱

　　基於金剋木的原理，開運竹切忌放置
於西方，或是與電器產品擺在一起，當然
如果你的命格五行是屬金者，開運竹亦無
法發揮其風水的效應。

節節高升的開運竹

第十三章
年年有「魚」——
如何飼養風水金魚

　　時下很多人會使用一些開運的風水方法，以期有吉祥靈動效應。比如在家中擺設魚缸，飼養一些美麗的魚類，如此不僅美觀，更有深層的風水效應。

一、金魚的效用

　　所謂的「見水得財」、「如魚得水」等，都是應用了風水學上「水即是財」之意象。因此，養魚除了能怡情養性，更可以應用其「水氣」即「財氣」的靈動力招財進財，當然更附加了催動桃花的風水作用。

二、金魚、魚缸 的選擇

1. 魚缸造型的選擇

　　風水界有重要的兩大派別：一是以形體的外觀做依據的「巒頭派」；一是用氣運理念和陰陽五行八卦做理論的「理氣派」。本書的吉祥物多以形狀為推斷吉凶的依據，比較偏向「巒頭派」，同時也有「理氣派」氣運的技巧。

　　養魚之前，首先要選擇魚缸的造型。魚缸的最佳造型是圓形，象徵財源可以「滾滾而來」。又因圓形五行屬金，金可

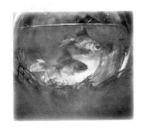

生水，更能增強招財效應。多角形，尤其是三角形的，不宜採用；四方形或長方形的，雖沒有特殊的風水效應，也不至於破壞靈動力，可以採用。

魚缸的大小並沒有硬性規定，與房間大小相稱即可。

2. 飼養金魚的種類、數量與顏色

金魚中風水效應最好的是凸眼金魚，而且實惠。凸眼金魚外觀福泰，做為風水魚，可以招財、旺財，也有助於夫妻感情和睦。對於未婚的男女性朋友，還可以催動桃花。

此外，飼養錦鯉也有不錯的風水效應。若家中或辦公室中不便飼養，可以掛一幅「錦鯉圖」來代替。

飼養數量也必須格外注意，計算方法如下。

數量法則：

1. 先行查出自己的命卦五行之所屬。（見本章後所附的「男女命卦表」）

2. 再依據著先、後天八卦五行所搭配的數字飼養即可。見後圖

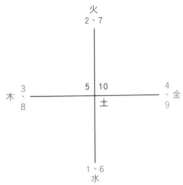

先天河圖數

火
2、7

木 3、8   5 │ 10
          土

          1、6
          水

4、9金

後天洛數圖

南方
9

東南方
4

西南方
2

東方 3

5中央

7 西方

8
東北方

6
西北方

1
北方

在顏色的選取上，採用五行所屬顏色，搭配五行相生相剋的原理決定。此處所說的五行，包括「命卦五行」、「方位五行」。

五行的顏色

屬木：綠色、青色。

屬火：紅色、赤色。

屬土：黃色、咖啡色。

屬金：白色、銀色。

屬水：黑色、灰暗色。

如果飼養紅色的魚，魚缸不可置於北方，因為北方五行屬水，紅色金魚五行屬火，水剋火，飼養的魚會很難養活。另外，命卦五行屬木之人，不適合飼養紅色的魚，因為五行木生火，容易散財、破財。

　　如果飼養的魚有死亡的，不要一丟了之，要將飼養的數量補足，對死掉的魚也需妥當善後，畢竟牠是為飼主擋了煞氣而犧牲的。

第十三章

三、魚缸的擺放

魚缸的形狀、大小選好以後,如何擺放也要多加注意,只有擺放位置恰當,才能發揮開運招財的有益風水效應。

1. 巒頭派擺置法

巒頭派將住宅分為五大部分:左青龍、右白虎、前朱雀、後玄武、中央勾陳。魚缸最佳的擺設位置是大門所在的那面牆,即朱雀位,朱雀位是「巒頭派」中所說的「明堂位」,「明堂聚水」的格局主發富,但要注意不能太靠近,否則會產

生壓迫感，造成「急功近利，一事無成」
的效果。

　　至於青龍與白虎位，這兩個方位都具
有推動桃花的靈動力，如有需要，男命：
可以將風水魚缸放置於白虎位上；女命：
可以將風水魚缸置放在青龍位上，如此會
發揮催動桃花的效應。

2. 玄空派擺置法

　　玄空派中有「正神」與「零神」的理
論，正神為吉神，零神為凶神。找出當運
的「正神位」與「零神位」，再將風水魚
缸放置於「零神位」上，可發揮生旺化煞
的效應。

附註：

1.三元九運共有一百二十年。每一運為二十年；三元者，上元、中元、下元。

2.五運本身沒有年數，前十年寄在四運中，方位在西北方；後十年寄在六運中，方位在東南方。

三元九運之「正神位」與「零神位」

九運	正神位	零神位
一運	北方	南方
二運	西南方	東北方
三運	東方	西方
四運	東南方	西北方
五運	中央	
六運	西北方	東南方
七運	西方	東方
八運	東北方	西南方

年年有「魚」——如何飼養風水金魚

3.「八宅明鏡」擺置法

　　「八宅明鏡」又名「八宅生殺」，是風水學中論述陽宅部分的一套理論，這套陽宅理論曾於民國五、六十年間，由風水大師曾子南先生所提倡而風靡全臺，最後因其理論與實務論斷間的差距太大，故而漸漸地不為人使用。以下茲將其理論概述一二，以供做參考應證。

八宅

1.東四宅

震宅：即坐東向西方位的住宅。

巽宅：即坐東南向西北方位的住宅。

離宅：即坐南向北方位的住宅。

坎宅：即坐北向南方位的住宅。

2. 西四宅

乾宅：即坐西北向東南方位的住宅。

坤宅：即坐西南向東北方位的住宅。

艮宅：即坐東北向西南方位的住宅。

兌宅：即坐西向東方位的住宅。

另外，又將人命也分為八種：

1. **東四命**：震命、巽命、離命、坎命。

2. **西四命**：乾命、坤命、艮命、兌命。

在「八宅明鏡」的理論中，每一個陽宅均有著八個方位之分屬，而其對照在每一個方位都有一個名稱與吉凶之分別；伏位、生氣、天醫、延年，此四者為吉；而五鬼、禍害、六煞、絕命，此四者為凶。因此，若是要擺置風水魚缸的話，其中吉凶方位的設定，就是依據著此理論演繹而

年年有「魚」——如何飼養風水金魚

來。在使用時，我們必須先以宅中心為定位點，然後依此定位點找尋家宅中的生氣或是延年方位，再將所選取的風水魚缸擺放其上。

　　最後，還有一點要注意，那就是魚缸的高度不可過高（超過人的身高），否則會有「被淹沒壓頂」的不良靈動。

近百年間 表

西元年	干支	男性	女性
一九〇一	辛丑	離火	乾金
一九〇二	壬寅	艮土	兌金
一九〇三	癸卯	兌金	艮土
一九〇四	甲辰	乾金	離火
一九〇五	乙巳	坤土	坎水
一九〇六	丙午	巽木	坤土
一九〇七	丁未	震木	震木
一九〇八	戊申	坤土	巽木
一九〇九	己酉	坎水	艮土
一九一〇	庚戌	離火	乾金

一九一一	辛亥	艮土	兌金
一九一二	壬子	兌金	艮土
一九一三	癸丑	乾金	離火
一九一四	甲寅	坤土	坎水
一九一五	乙卯	巽木	坤土
一九一六	丙辰	震木	震木
一九一七	丁巳	坤土	巽木
一九一八	戊午	坎水	艮土
一九一九	己未	離火	乾金
一九二〇	庚申	艮土	兌金
一九二一	辛酉	兌金	艮土
一九二二	壬戌	乾金	離火
一九二三	癸亥	坤土	坎水
一九二四	甲子	巽木	坤土
一九二五	乙丑	震木	震木
一九二六	丙寅	坤土	巽木
一九二七	丁卯	坎水	艮土
一九二八	戊辰	離火	乾金
一九二九	己巳	艮土	兌金
一九三〇	庚午	兌金	艮土
一九三一	辛未	乾金	離火
一九三二	壬申	坤土	坎水
一九三三	癸酉	巽木	坤土
一九三四	甲戌	震木	震木

年年有「魚」──如何飼養風水金魚

一九三五	乙亥	坤土	巽木
一九三六	丙子	坎水	艮土
一九三七	丁丑	離火	乾金
一九三八	戊寅	艮土	兌金
一九三九	己卯	兌金	艮土
一九四〇	庚辰	乾金	離火
一九四一	辛巳	坤土	坎水
一九四二	壬午	巽木	坤土
一九四三	癸未	震木	震木
一九四四	甲申	坤土	巽木
一九四五	乙酉	坎水	艮土
一九四六	丙戌	離火	乾金
一九四七	丁亥	艮土	兌金
一九四八	戊子	兌金	艮土
一九四九	己丑	乾金	離火
一九五〇	庚寅	坤土	坎水
一九五一	辛卯	巽木	坤土
一九五二	壬辰	震木	震木
一九五三	癸巳	坤土	巽木
一九五四	甲午	坎水	艮土
一九五五	乙未	離火	乾金
一九五六	丙申	艮土	兌金
一九五七	丁酉	兌金	艮土
一九五八	戊戌	乾金	離火

一九五九	已亥	坤土	坎水
一九六〇	庚子	巽木	坤土
一九六一	辛丑	震木	震木
一九六二	壬寅	坤土	巽木
一九六三	癸卯	坎水	艮土
一九六四	甲辰	離火	乾金
一九六五	乙巳	艮土	兌金
一九六六	丙午	兌金	艮土
一九六七	丁未	乾金	離火
一九六八	戊申	坤土	坎水
一九六九	已酉	巽木	坤土
一九七〇	庚戌	震木	震木
一九七一	辛亥	坤土	坎水
一九七二	壬子	坎水	艮土
一九七三	癸丑	離火	乾金
一九七四	甲寅	艮土	兌金
一九七五	乙卯	兌金	艮土
一九七六	丙辰	乾金	離火
一九七七	丁巳	坤土	坎水
一九七八	戊午	巽木	坤土
一九七九	已未	震木	震木
一九八〇	庚申	坤土	巽木
一九八一	辛酉	坎水	艮土
一九八二	壬戌	離火	乾金

年年有「魚」──如何飼養風水金魚

一九八三	癸亥	艮土	兌金
一九八四	甲子	兌金	艮土
一九八五	乙丑	乾金	離火
一九八六	丙寅	坤土	坎水
一九八七	丁卯	巽木	坤土
一九八八	戊辰	震木	震木
一九八九	己巳	坤土	巽木
一九九〇	庚午	坎水	艮土
一九九一	辛未	離火	乾金
一九九二	壬申	艮土	兌金
一九九三	癸酉	兌金	艮土
一九九四	甲戌	乾金	離火
一九九五	乙亥	坤土	坎水
一九九六	丙子	巽木	坤土
一九九七	丁丑	震木	震木
一九九八	戊寅	坤土	巽木
一九九九	己卯	坎水	艮土
二〇〇〇	庚辰	離火	乾金
二〇〇一	辛巳	艮土	兌金
二〇〇二	壬午	兌金	艮土
二〇〇三	癸未	乾金	離火
二〇〇四	甲申	坤土	坎水
二〇〇五	乙酉	巽木	坤土
二〇〇六	丙戌	震木	震木

第十三章

二〇〇七	丁亥	坤土	巽木
二〇〇八	戊子	坎水	艮土
二〇〇九	己丑	離火	乾金
二〇一〇	庚寅	艮土	兌金
二〇一一	辛卯	兌金	艮土
二〇一二	壬辰	乾金	離火
二〇一三	癸巳	坤土	坎水
二〇一四	甲午	巽木	坤土
二〇一五	乙未	震木	震木
二〇一六	丙申	坤土	巽木
二〇一七	丁酉	坎水	艮土
二〇一八	戊戌	離火	乾金
二〇一九	己亥	艮土	兌金
二〇二〇	庚子	兌金	艮土
二〇二一	辛丑	乾金	離火
二〇二二	壬寅	坤土	坎水
二〇二三	癸卯	巽木	坤土
二〇二四	甲辰	震木	震木
二〇二五	乙巳	坤土	巽木
二〇二六	丙午	坎水	艮土
二〇二七	丁未	離火	乾金
二〇二八	戊申	艮土	兌金
二〇二九	己酉	兌金	艮土
二〇三〇	庚戌	乾金	離火

年年有「魚」——如何飼養風水金魚

兌	坤	離	巽	震	艮	坎	乾	命卦
伏位	天醫	五鬼	六煞	絕命	延年	禍害	生氣	兌命
天醫	伏位	六煞	五鬼	禍害	生氣	絕命	延年	坤命
五鬼	六煞	伏位	天醫	生氣	禍害	延年	絕命	離命
六煞	五鬼	天醫	伏位	延年	絕命	生氣	禍害	巽命
絕命	禍害	生氣	延年	伏位	六煞	天醫	五鬼	震命
延年	生氣	禍害	絕命	六煞	伏位	五鬼	天醫	艮命
禍害	絕命	延年	生氣	天醫	五鬼	伏位	六煞	坎命
生氣	延年	絕命	禍害	五鬼	天醫	六煞	伏位	乾命

第十四章
西洋十二星座的
風水招運法

　　西洋占星學上有個重要的概念——十二星座，十二星座指的就是黃道十二宮，代表了十二種基本的性格。十二星座對應一年十二個不同的時段，每個人出生時都對應了一個星座，說明一個人天生性格和天賦。

　　西洋占星學對於時辰和方位，也有特別的講究，每個星座對物品的選擇和擺設都有獨特的展現，比如傢俱的類型、材質、形狀造型或顏色等，這和中國風水中吉祥物的選擇和擺設，有異曲同工的效應。

牡羊座

出生日期：3月21日~4月20日。

守護星：火星。

符號：♈

幸運顏色：黃色、紅色。

對於經常要外出的白羊座的人來說，鞋子自然是不可缺少的物品，因此，一個能把鞋子擺放整齊的鞋櫃，就成了白羊座優先考慮的家居必備物品，這樣既可以展現居家擺設的品質，又可以有效地放鬆心情，可謂一舉兩得。此外，舒適的沙發、疏鬆筋骨的按摩器具，或者有按摩功能的浴缸等，也都是對白羊座的人有幫助的風水傢俱。

金牛座

出生日期：4月21日~5月20日。

守護星：金星。

符號：♉

幸運顏色：藍色、綠色。

　　金牛座的人凡事都講求實際效果，精緻的餐具、高雅又溫暖的高檔原木餐桌椅，以及整桌令人垂涎欲滴的美食佳餚，或是一壺好茶、一杯香醇濃郁的咖啡，或是幾樣精緻可口的小點心等，都可以使金牛座的人得到完全的舒暢與諧和感，所以在這些方面精心佈置，就可以使金牛座的人收到實質上的風水效應。

雙子座

出生日期：5 月 21 日~6 月 21 日。

守護星：水星。

符號：♊

幸運顏色：銀色。

對雙子座的人而言，無論何時都擁有暢通的接觸管道，可以與外界溝通，是最有成就感的事。因此，在傢俱的選擇上，可以通訊或具有多種功能的事務機等，都是他們會優先考慮的傢俱，如手機、電視、電腦、收音機等。

巨蟹座

出生日期：6 月 22 日 -7 月 22 日

守護星：月亮

符號： ♋

幸運顏色：紫色、銀色。

　　精打細算，對事物有精簡耐用的要求，是巨蟹座最有特色的個性表現。另外，巨蟹座的廚藝往往令親朋好友讚不絕口。因此，對於巨蟹座來說，廚房中用得到的，不管是煮菜用的鍋、碗、瓢、盆、電鍋、瓦斯爐、電磁爐，或是料理食物用的刀具、流理台、切菜板等，都是他們願意用心精選的傢俱，當然可以令其產生愉悅與享受的滿足感。

獅子座

出生日期：7月23日~8月22日。

守護星：太陽。

符號：♌

幸運顏色：橘色、金色。

　　獅子座最重視門面的特色，這點相信大家都知道，所以對於居家佈置的要求就以豪華舒適、美輪美奐為主，只要能在一天的忙碌過後，回到家裡享受著如皇帝般的生活品質，以及能滿足他在大家面前「愛現」的心態，這樣就能在無形中增強他的氣勢，這對運途的改善具有著非常實際的效應。

處女座

出生日期：8 月 23 日~9 月 22 日。

守護星：水星。

符號：♍

幸運顏色：灰色。

「潔癖」是大家對處女座普遍的評語，凡事要求潔淨，當然更重視心靈與健康上的潔淨，因此身處雜亂或是塵埃密佈的環境，可是他們所無法容忍的。所以，能夠佈置一個整潔又明淨的居家環境，就是他們最大的理想與享受，尤其是家中的衛浴廚廁，是他們格外重視的地方。

天秤座

出生日期：9月23日~10月22日。

守護星：金星。

符號：♎

幸運顏色：藍色、粉色。

天秤座天生具有特殊的審美觀念，以及強烈的血拼精神，這可不是一般人所能比擬的，尤其是對所穿著的衣物講究程度。所以一間頗具規模的衣物收藏室，或者是一面精緻的試衣鏡，就是能令他精神爽朗、氣運高升的最佳佈置傢俱。

天蠍座

出生日期：10 月 23 日~11 月 22 日。

守護星：冥王星。

符號：♏

幸運顏色：紅色。

天蠍座天性重視隱私與隱密的安全保護，又能夠自由自在地樂在其中，因此深色與厚重材質的居家窗簾，就是他們最重要的佈置物品。對於天蠍座來說，在外徹底緊繃的他們，回到設計簡單實用又具有品味的家中，且又有著負責保護隱私的窗簾，讓其感受到那份無拘無束的暢快，這就是他們終身所企求的理想。

射手座

出生日期：11 月 23 日~12 月 21 日。

守護星：木星。

符號：♐

幸運顏色：藍色。

第十四章

　　射手座的慵懶與不喜歡束縛的個性，相信是大家所耳熟能詳的，因此對於一些輕便且隨手可得物品的家用器具，是他的最佳佈置選擇，如冰箱、微波爐等。所以，若是能讓他感到輕鬆又能來去自如，那他所能發揮出來的爆發力，可是不可限量的哦！尤其是在奮鬥事業，或是在發揮他的想像力與創造力之際，更是明顯得令人難以置信。

魔羯座

出生日期：12 月 22 日~1 月 19 日。

守護星：土星。

符號：♑

幸運顏色：褐色。

　　摩羯座往往全心付諸於事業工作，對他們而言，家裡有一個舒適的工作環境非常重要。魔羯座的人經常為了工作需要長時間趴在辦公桌上，舒適的辦公桌椅對魔羯座的人來說是必備的傢俱。但是，選擇時需注意，不要只講究其豪華與否，最重要是能夠符合人體工學，而且一定要將椅子和辦公桌的高度調整好，如此才不會因長期的工作而造成肌肉緊繃、僵硬，甚至造成脊椎、頸椎的毛病。

西洋十二星座的風水招運法

水瓶座

出生日期：1 月 20 日~2 月 18 日。

守護星：天王星。

符號：♒

幸運顏色：綠色。

喜歡自然，喜歡陽光，以及喜歡通暢
舒適的環境，這是水瓶座個性上的特色。
因此，一座大型的落地窗且能透過窗戶照
進來的自然光，以及充足又通風的室內環
境等，這些對水瓶座的人來說實在是太重
要了。所以，居家中對於窗戶的造型與大
小多少的設計，將會成為水瓶座之人最重
要的課題。

雙魚座

出生日期：2月19日~3月20日。

守護星：海王星。

符號： ♓

幸運顏色：藍色、粉色。

　　雙魚座喜歡房間裡可以隨性地或坐或躺，或是可以隨意地將一些瑣碎之物擺放著，或是能夠輕鬆無拘束地招待友人，這是他們天生隨性的展現。所以居家佈置絕少不了抱枕、懶骨頭式的單人沙發、地毯或矮桌之類的傢俱，這是雙魚座相當重要的必備品。

西洋十二星座的風水招運法

國家圖書館出版品預行編目資料

開運吉祥物一本通／姜威國著.

－－第一版－－臺北市：知青頻道出版；
紅螞蟻圖書發行，2014.6
面； 公分. ——（開運隨身寶；10）
ISBN 978-986-5699-11-6（平裝）

1.堪輿 2.改運法

294   103006648

開運隨身寶 10

開運吉祥物一本通

作　　者／姜威國
發 行 人／賴秀珍
總 編 輯／何南輝
美術構成／Chris' office
校　　對／賴依蓮、周英嬌、吳育禎
出　　版／知青頻道出版有限公司
發　　行／紅螞蟻圖書有限公司
地　　址／台北市內湖區舊宗路二段121巷19號(紅螞蟻資訊大樓)
網　　站／www.e-redant.com
郵撥帳號／1604621-1　紅螞蟻圖書有限公司
電　　話／(02)2795-3656（代表號）
傳　　真／(02)2795-4100
登 記 證／局版北市業字第796號
法律顧問／許晏賓律師
印 刷 廠／卡樂彩色製版印刷有限公司
出版日期／2014年6月　第一版第一刷

定價 200 元　　港幣 67 元

ISBN 978-986-5699-11-6　　　　　　　　　Printed in Taiwan